Zéjeles para el Clavel

COLECCION

Directoras: Gladys Zaldívar
Concepción Alzola

EDICIONES UNIVERSAL, Miami, 1980

Gladys Zaldívar

Zéjeles para el Clavel

P. O. Box 353 (Shenandoah Station)
Miami, Florida, 33145. USA.
1981

Diseño de la Portada: DAMIAN

® Copyright 1981 by Gladys Zaldívar

Library of Congress Catalogue No: 80-70836
ISBN: 0-89729-284-7

Tipografía:
ARTYPE
1393 SW 1st. St.
Miami, Fla. 33135
642-5436

Diagramación y Emplane:
ROD-ART
643-4031

PORTAL

Que nazcan villancicos en plena apertura de la década de los ochenta del siglo veinte, a tres o cuatro centurias del florecimiento dorado de los clásicos en lengua española, no dejará de sentirse como insólito desde muchos ángulos. Reconocemos no sólo los ángulos sino los afilados bordes de sus vértices. Pero el arte no tiene más justificación que la de su realidad. Buscarla, pues, sería banalidad, ardides superfluos, trampas de la conciencia fácilmente detectables. No obstante, creo en la necesidad de mencionar lo que sospecho que podría haber originado esas búsquedas —o, para algunos ese retorno— en las fuentes de la tradición. Sísifo sube y baja de la cúspide con demasiada vertiginosidad y el drama calderoniano se concretiza a veces con tal fuerza que sobrecoge. La rapidez del devenir nos ha alienado de la seguridad de lo permanente y la vida se ha vuelto más irreal, más sueño. La literatura terrorista ha ofrecido la solución en la violencia del derrumbe; la contracultura es devorada por la civilización a la que combate y hasta este instante estamos sólo rodeados de ruinas. Cabría preguntarse si no sería saludable la construcción de nuevas estructuras, de nuevos albergues para el hombre. Se me ocurrió que se podría poner planta firme "regresando" la mirada a las fuentes originales. Está claro que esa mirada carece de ingenuidad porque es la misma que la del soldado que vuelve de la guerra: quiere reposo en su levantamiento de un nuevo sueño pero al fondo de sus ojos está el paisaje de la destrucción y de la muerte.

Decir que este pequeño libro es un homenaje a los clásicos, específicamente a Lope de Vega, a Góngora, a Sor Juana, se torna ahora un poco tangencial. Pero no por ello es lícito reducir la importancia que esto a mi juicio podría tener; el hombre es más cabal si tiene plena conciencia de la historicidad de sus actos, que es lo mismo que decir si se reconoce a sí mismo en sus antecesores, ya sea por sus deformaciones o por la grandeza de sus sueños.

Es por eso que la recreación del zéjel que aquí tiene lugar en muchas de sus evoluciones —desde las estructuras iniciales vinculadas a las jarchas y el mayor desarrollo que alcanzara luego con el villancico en el barroco hasta las formas más recientes de la canción en verso libre —se vuelve ahora un modo de conocimiento porque, al retornar al origen y aprehender la visión primigenia, se recobra el punto de partida hacia otros caminos que, tal vez, no tendrían que desembocar inexorablemente en la destrucción.

Procedemos con esperanza y esta esperanza se ha nutrido sorpresivamente de la participación —tan llena de entusiasmo creador y de desinterés— de dos jóvenes compositores pertenecientes a una generación artística inmediatamente posterior a la mía: Rodolfo Guzmán, cubano y Roy Luna, guatemalteco. El primero, músico culto, ha compuesto una suite para "Planeta diminuto", "Angeles y ascuas" y "Verbo de mariposa". El segundo, baladista de la música popular más refinada, ha creado la música para "Clavelito llameante" y otros. Ellos se han sentido tocados y eso me hace confiar en la validez de esta solución.

Quizás ha llegado la hora del reposo para los jinetes del Apocalipsis.

Gladys Zaldívar
Navidades de 1980

*A Edward y a Michael, mis sobrinos,
este único regalo posible*

CERNIDO CLAVEL

*Cernido clavel sonoro
navegando al alba.*

Alto y cárdeno sino
afuera anuncia trinos
y al cuerpo diamantino
que lo escancia, lloro.

*Cernido clavel sonoro
navegando al alba.*

PERFUMAN EL HORIZONTE

*Perfuman el horizonte
azules motetes.*

Es del fénix asiento,
y cántaro del viento;
para el clavel aliento,
razón del rehilete.

*Perfuman el horizonte
azules motetes.*

ESTRELLITA ¿DONDE VAS?

*Estrellita, estrellita,
con mieles y azucarillos
y puesta de lazarillo,
¿dónde vas a hacer visita?*

Voy al establo a peinar
de luces una diadema
que es un botón que nos quema
cuando no hay brújula o mar
para el navío irisar.
Fúlgida flor y zalemas,
corazones de alhucema
le ofrezco y la pajarita.

Estrellita, estrellita,
con mieles y azucarillos
y puesta de lazarillo
¿dónde vas a hacer visita?

Que a Belén voy a cantar
al reyecito que enjuaga
del sinsabor estas llagas;
que en el establo he de estar:
el buey irradia el ajuar,
sus alas el burro escancia,
la gata ablanda asonancias
¡de la nieve, margaritas!

Estrellita, estrellita
con mieles y azucarillos
y puesta de lazarillo,
¿dónde vas a hacer visita?

PLANETA DIMINUTO

*Que ya la noche y su brasa
inundan el pecho.*

Planeta diminuto
en los ojos del bruto
que, en el silencio enjuto,
son el aire, el hecho.

*Que ya la noche y su brasa
inundan el pecho.*

FLOR DEL GRANITO

*Luceros y cascabeles
a la ribera venid,
a la alta noche salid
ya queditos
que nace flor del granito.*

En Belén
el portalito es centén
para aquel que azul anhele.
—¿Cuándo?
—Desde siempre.
Hacia adentro,
pequeño brazo del sueño;
al costado,
el dulce asno constelado:
del buey, la dádiva ardiente;
de los reyes, la vertiente
del azar y los reencuentros
y del verbo, el infinito.
Aljófares del sedeño
—junto a hados—

inundan mares y prados
porque hay semilla fulgente
y llamitas en la fuente.
Ay, nace y es aposento,
nace y ya teje el garlito.

*Luceros y cascabeles
a la ribera venid,
a la alta noche salid
ya queditos
que nace flor del granito.*

Los lirios andan en rito
y en los balcones del alba
ya se abren canciones malvas.
Que es de rubí el pastorcito,
su palabra un meteorito;
su risa las penas calza;
su corazón de esmeralda
alza el alma de rondeles.

*Luceros y cascabeles
a la ribera venid,
a la alta noche salid
ya queditos
que nace flor del granito.*

VERBO DE MARIPOSA

Que no en Belén, marinero
se alumbró el niño a la rosa;
su verbo de mariposa
en tí nace y es lucero.

Que está heladito este monte:
cálida bestia a sus plantas,
doña gata, la tunanta
ni el noble del mapa arconte
harán que el frío remonte
sus alas que aquí no espantan
pero a la fuente quebrantan
y al carcaj del dulce arquero.

*Que no en Belén, marinero
se alumbró el niño a la rosa:
su verbo de mariposa
en tí nace y es lucero.*

La mirra viene de infanta,
el oro es un caminito
y el incienso al infinito
narcizos puros levanta.
Todos se suman en manta
al alba, ¡sí! de la gracia,
al querubín que no sacia
su sed de azul y madero.

*Que no en Belén, marinero
se alumbró el niño a la rosa:
su verbo de mariposa
en tí nace y es lucero.*

QUE SE JUNTEN ASTROS

*Flor bajo la noche
desolada.
Que se junten astros
a cantarte.*

El secreto del ciervo
está en la luz
sobre su orbe de ónix
y en su delgada pascua.
El alba de su sangre
está en el ritmo
del mantel y los golpes,
en el umbral del pájaro.

*Flor bajo la noche
desolada.
Que se junten astros
a cantarte.*

DIPTICO

I

ASTROS DERRAMAN

*Los ojos de la virgen
astros derraman.*

Fin de la ceniza
en el fulgor se iza:
es dulzor que riza
el alma e inflama.

*Los ojos de la virgen
astros derraman.*

II

VISION IRRADIA

*El pecho de José
visión irradia.*

Aquí la aurora
ya a la muerte azora,
ya a la sombra dora,
clavos presagia.

*El pecho de José
visión irradia.*

TRIPTICO

I

DESCIENDE EL CLAVEL

*Dulcemente, en la áurea bruma,
desciende el clavel.*

Alguien dados ausculta:
una región sepulta
ha renacido y se oculta
en el arambel.

*Dulcemente, en la áurea bruma,
desciende el clavel.*

II

BLANCOR SOBRE EL CLAVEL

*Blancor de hinojos destella
sobre almo clavel.*

Cuerpo ígneo del destierro
nacido para el hierro.
A la danza soterro
y a su esqueleto cierro.
¡Del agua, pincel!

*Blancor de hinojos destella
sobre almo clavel.*

III

PLATA Y MANANTIAL

En la alfombrita lunada,
plata y manantial.

La bestia en el abismo,
del ángel paroxismo,
acude el clavel mismo,
breve y celestial.

En la alfombrita lunada,
plata y manantial.

ANGELES Y ASCUAS

*Zagales que vais al río
de la esperanza, ¡cantad!
Angeles y ascuas, ¡llorad!
que el portalito es umbrío.*

En el corcel de la aurora
de la nueva los heraldos
al corazón astro gualdo
lanzan que tibieza añora.
Y en el cielo zarzamoras
adornan los aguinaldos,
de canción son el respaldo
porque al lucero dan brío.

*Zagales que vais al río
de la esperanza, ¡cantad!
Angeles y ascuas, ¡llorad!
que el portalito es umbrío.*

—¿Y dónde? -sufren ahora
de negror los cierrasoles
y del morir esta prole.
—En el alma— bruñidora
ola se alzará sonora
cuando el rubio pecesito
trocado en un aerolito
unge la noche, el rocío.

*Zagales que vais al río
de la esperanza, ¡cantad!
Angeles y ascuas, ¡llorad!
que el portalito es umbrío.*

CLAVELITO LLAMEANTE

A Concha Alzola

*La hierba danza en secreto;
el brazo del aire acerca
su pandereta a la alberca.
Canten, canten
que hay clavelito llameante.*

—¿Qué es, dí?
—Sueñamor del alhelí
en su brillar recoleto.
—¿Cuándo?
—En lo oscuro.
—¡Oh, campanas!

Que venga un pájaro azul,
una voz
para este dador precoz
que es corazón de la espuma
y de toda miel la suma.

Su pesebre es filigrana
para el amor de diamante;
su pie navegante
—sol del abedul—
el silencio troca en pluma
y al serafín su semblante
dulce convoca y flameante.
Tañe el candor de la oveja
rompiendo en calma la bruma.
Que ya está aquí el principito
sin palacio y muy ahíto
de cierzos y aliento quieto.

La hierba danza en secreto;
el brazo del aire acerca
su pandereta a la alberca.
Canten, canten,
que hay clavelito llameante.

Eres del verbo el alfanje,
el diminuto peldaño
del abismo en el rebaño.
Sueñaluz del caro infante
que ha nacido y es la nave
al cielo del aguinaldo.
Que ha nacido y es el frasco
del alba y su parapeto.

La hierba danza en secreto;
el brazo del aire acerca
su pandereta a la alberca.
Canten, canten
que hay clavelito llameante.

SI GUARDAS FENIX

Es el éxodo del ala,
la inhóspita sal que acude
abatiendo martingalas
con su cantar del azufre.

Ay, alto estuche.
¿Por qué si guardas fénix, te eludes?

Rompe lento el estío
en subterráneas ciudades:
pálidos rostros del lirio,
del manantial, rosa ubre.

Ay, alto estuche
¿Por qué si guardas fénix, te eludes?

Y DEL MADERO LA FLOR

*En el silencio un temblor
de marfil y piedrafina:
la luz ya se arremolina,
¡del cielo entero, andador!*

Por los montes y arrecifes
heraldo de aroma vuela
deja en el pecho una estela
que sube al cielo, alarife
porque este infante es esquife
para el alma que cincela
soledades y gacelas.
Y es de la sombra el dulzor.

*En el silencio un temblor
de marfil y piedrafina:
la luz ya se arremolina,
¡del cielo entero, andador!*

Cantando van aldehuelas
letrillas de ruiseñores;
para que el cielo no añore
su perdida campanela
zampoñas y las vihuelas
el aire siembran, la noche.
Que es de las pajas el broche
y del madero, la flor.

*En el silencio un temblor
de marfil y piedrafina:
la luz ya se arremolina
¡del cielo entero, andador!*

DESCIENDE ESTA ALONDRA

Camino del aire,
perla del donaire,
cuerpo de la aurora,
claridad sonora.
Desciende a la nieve
el astro que viene
florido en la sangre,
¡pétalo quemante!
La noche devela
alta clavelina;
bruñen las mareas
el mínimo atlante
que en las pajas riela,
que el cielo sostiene
y del sueño advierte.

Vellocino alado
del negro previenes;
hacia el alba tiendes
tus aéreos pajes
con luz en carruajes.
¡Es rojo este viaje!

Donde el árbol ora
la esmeralda mora,
la piedra retiene
su faz al oriente.
Sol que se ha augurado
y en la sombra vierte
su halo serenado.
Espejo naciente
del otro arrebol
quieto en la simiente
del ángel ardiente.
A hombros sufrientes
y dulces que incendian
del cero las ropas,
de la muerte ajorcas
desciende esta alondra
pura como el jade.

PRISTINO TROTE

Silencio, puertos y trenes
que ya nace el unicornio.

*Silencio y venid a ver
su prístino trote.*

Lleva en el pecho una alhaja,
en sus ojos brillan mapas
de cántaros y arenales.
Su cuerpo alfombra la noche
de cernida primavera;
su idioma guarda en el cuerno
la rectitud del azul;
su cabello es la morada
y el camino de la estrella.

*Silencio y venid a ver
su prístino trote.*

SOLO EN EL VIENTO

Aeródromos, boscajes
del cierzo adentro,

*recordad al clavel
solo en el viento.*

Puertos y raíles
del cielo desiertos,
por la muerte abiertos,
sin el verbo que hile
sombras y rutile,
sin pecho y centro,

*recordad al clavel
solo en el viento.*

INDICE

	PAGINA
Portal	5
Cernido clavel	11
Perfuman el horizonte	13
Estrellita, ¿dónde vas...?	15
Planeta diminuto	17
Flor del granito	19
Verbo de mariposa	21
Que se junten astros	23

DIPTICO

Astros derraman	27
Visión irradia	29

TRIPTICO

Desciende el clavel	33
Blancor sobre el clavel	35
Plata y manantial	37

Angeles y ascuas	39
Clavelito llameante	41
Si guardas fénix	45
Y del madero la flor	47
Desciende esta alondra	49
Prístino trote	51
Solo en el viento	53

Se terminó de imprimir este libro
titulado *Zéjeles para el clavel*
de Gladys Zaldívar, el día 11 de
diciembre de 1980 en los talleres de M.C. Printing
2742 S.W. 8 St., Miami, Fla.
33135 y consta la edición
de 500 ejemplares.